# Se esta história fosse minha

Sônia Salerno Forjaz

# Se esta história fosse minha

DeLeitura

Capa:
João Baptista da Costa Aguiar

Revisão:
Entretexto Assessoria Editorial
Jurema das Neves Maurell


DeLeitura Editora e Comércio Ltda.
Rua Teixeira Pinto, 55
04503-060 - São Paulo - SP
Fax: (011) 887-3540
E-mail: deleitura@snet.com.br

Dados Internacionais de Catalogação na Publicação (CIP)
(Câmara Brasileira do Livro, SP, Brasil)

---

Forjaz, Sônia Salerno
Se esta história fosse minha / Sônia Salerno Forjaz -- São Paulo : DeLeitura Editora, 2000.

ISBN : 85-86418-13-7

1.Cidadania 2. Problemas sociais I. Título.

00-1054 CDD-306.432

---

Índices para catálogo sistemático:

1. Cidadania e educação : Sociologia educacional 306.432

" Se esta rua fosse minha
Eu mandava ladrilhar
Com pedrinhas de brilhante
Para o meu amor passar..."

*Cantiga popular*

# Agradecimentos:

Agradecemos a colaboração dos professores da Fundação Bradesco, (Osasco, São Paulo), pela discussão, leitura crítica e avaliação desta obra:

Denise Spinosa Marconi — Coordenadora da área de Língua Portuguesa
Cassia Ribeiro Flausino Caldana
Lucy Aparecida Melo Araújo
Maria Damaris Picarelli Ribeiro Porto
Márcia de Moura Iritani
Maria das Graças Lira dos Reis Cunha
Maria Raquel da Silva Buono
Paula Cristina Cardoso Marques

# Sumário

# Apresentação

Cada tema abordado neste livro passa por três etapas:

1ª — leitura;
2ª — discussão e questionamento;
3ª — exercício de redação e criatividade.

**1.** A partir de leituras dinâmicas, na forma de correspondência entre amigos, relatam-se fatos do cotidiano, nos quais direitos e deveres sociais podem ser facilmente observados.

**2.** Sem abordar longas e abstratas teorias, os fatos narrados propiciam uma discussão em sala de aula sobre alguns aspectos que envolvem o conceito de **CIDADANIA.** Visando organizar essa discussão, a seção **"Papo-cabeça"** sugere (sem esgotar o assunto) pontos importantes a serem analisados, levando o leitor a um questionamento e à identificação de determinadas situações dentro do seu cotidiano.

**3.** Com base na discussão e ciente da sua co-responsabilidade social, o leitor entra em ação, indicando outros caminhos possíveis para as histórias narradas, em cada uma das seções intituladas **"Se esta história fosse minha"**.

Pretende-se, com este exercício de reflexão e exposição de idéias, a formação de cidadãos mais conscientes, criativos e solidários que, evitando as críticas vazias e a repetição de fórmulas já ultrapassadas, saibam buscar e propor novos caminhos.

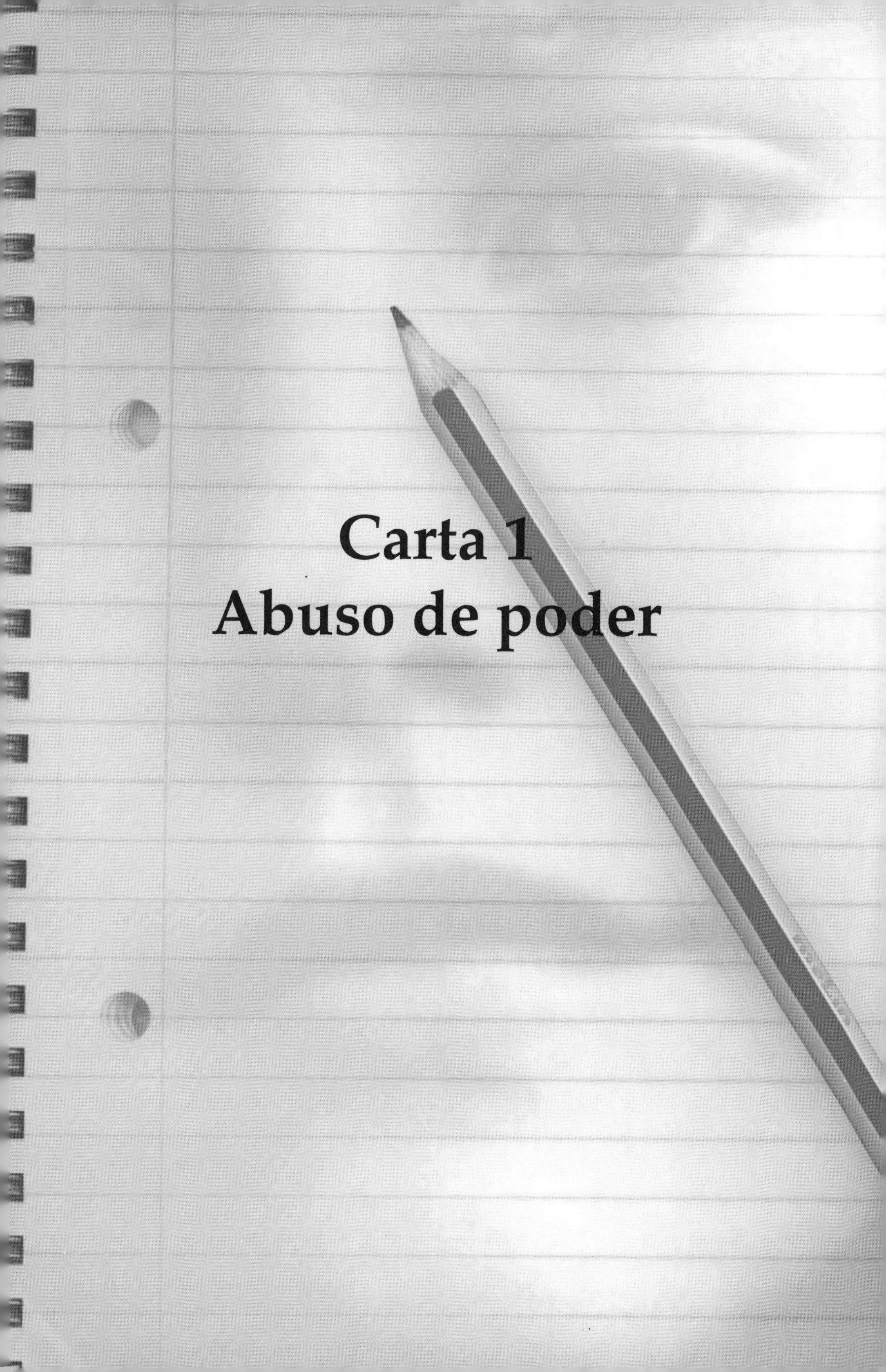

# Carta 1
# Abuso de poder

# Confusão no vestiário

Oi, amigo,

Como vai você? Anda aborrecido comigo? Sei que fiquei sem escrever por muito tempo, mas já me justifico. É que aconteceu uma coisa INCRÍVEL e eu andei muito ocupada, invocada mesmo, e não tive tempo nem vontade de escrever.

Você sabe o quanto gosto de você e como curto as nossas cartas. Sabe mais. Que eu tenho uma porção de amigos, mas sou muito tímida para comentar com eles os meus problemas. Sabe também que criei este hábito de desabafar com você na maior sinceridade e que este teu jeito de me aceitar como sou me faz um bem danado.

Só você entende esta minha mania de achar que o que é meu é só meu e que ninguém vai entender um desabafo da forma como eu realmente sinto as coisas.

Lembra, não lembra, de tudo que te contei sobre as palavras? É assim que penso. Por maior amigo que eu tenha, eu sinto que no instante em que conto o meu problema, a outra pessoa já interpreta as minhas palavras da maneira dela (que nunca vai ser igual à minha). Daí bagunça tudo e eu me arrependo de ter contado.

Você não. Enquanto eu conto, fica aí calado, sem comentar nada antes da hora, sem criticar, nem censurar e eu desabafo tudo aquilo que guardo escondido dentro de mim. Depois, só depois de entender tudo o que eu quis dizer bem direitinho, é que você me ajuda a raciocinar e a descobrir caminhos. Às vezes, concordando, outras não, mas sempre explicando as suas razões, ou melhor, sempre me fazendo pensar e pensar sobre os vários lados de tudo. Acho legal isso.

Ai, ai... Bem, mas deixa eu contar porque eu andei sumida. Eu fico escrevendo, escrevendo num fôlego só e esqueço o mais importante. É sempre assim. Mas vamos lá, amigo, o fato é que aconteceu uma coisa horrível comigo.

Lembra daquela professora de educação física que eu já contei que é meio nervosa? Isso, a dona Laura. Aquela que ora está calma e sorridente e por um nadinha explode? Pois então, tudo aconteceu por causa dela.

Imagine você, que nós estamos ensaiando uma demonstração de ginástica, para uma festa que vai reunir vários colégios. Vamos nos apresentar num estádio enorme e teremos convidados ilustres. Quase todas as alunas da escola estão participando. Os meninos estão ensaiando uma outra coisa, em outro horário, para apresentar nessa mesma festa. Vai ser o máximo!

Os ensaios masculinos e femininos são marcados em dias alternados, pois só temos uma quadra esportiva na escola. Mesmo assim, é gente demais e o nosso vestiário fica superlotado. É uma confusão de roupa, sapato, bolsa e mochila que você nem pode imaginar.

No meio da agitação, já tínhamos ouvido várias vezes alguém dizendo coisas como: "sumiu minha caneta", "cadê a minha fivela?", "cadê o meu caderno?", "perdi a minha meia", mas ninguém dava muita atenção. Nem mesmo a Laura. E quase todo dia a história se repetia.

E ela ligava? Nem tchum. Reação nenhuma. Até que, numa segunda-feira, o ensaio acabou mais cedo e nós todas entramos no vestiário ao mesmo tempo e com a maior pressa, pois queríamos que sobrasse tempo para ir almoçar em casa. De repente, a Dora falou:

— Laura, roubaram o meu dinheiro!

E essa frase teve o dom de iniciar uma confusão sem tamanho.

— BASTA, BASTA, BASTA!!! Ninguém sai daqui sem eu revistar. Vou descobrir o culpado — gritou a Laura e, enquanto berrava, foi trancando as portas do vestiário. — Tirem já as suas roupas. Quero que todas fiquem NUAS! Quero todas vocês debaixo do chuveiro!

Pode uma coisa dessas? Aí, eu não agüentei, e gritei:

— NUUUUAAA? EUUUUU?

Imagine, amigo! Logo eu? A tímida das tímidas? Eu que não fico nua nem na frente da minha mãe? (desde que cresci, é claro). Como é que eu vou ficar nua na frente de tanta gente? E por quê? Eu nem fiz nada!

— EU NÃO VOU, EU NÃO VOU, EU NÃO VOU!!! — comecei a gritar, me sentindo injustiçada.

— POIS VOCÊ VAI SER A PRIMEIRA! — A Laura gritou mais alto — JÁ PARA O CHUVEIRO!

Amigo. Ela achou que só porque eu não queria tirar a roupa, estava escondendo o dinheiro. Virei a suspeita numero um só porque tinha vergonha de ficar pelada.

Agora procure entender, raciocine comigo. Imagine a confusão na minha cabeça naquela hora. Eu fico anos e anos me escondendo, trocando de roupa sozinha, morrendo de vergonha e, de um instante para o outro, eu tenho de me expor para um bando de gente? Assim, sem mais nem menos?

— Eu não... Eu não posso — repeti, desta vez falando mais baixo e com a voz tremendo, prestes a abrir o berreiro.

Adiantou?

Ah! Já sei! Lá vem você com essa conversa de que o corpo é belo, puro, não devemos ter vergonha, esconder, patati, patatá. Eu sei, querido, e até concordo. É belo, puro, maravilhoso. Não temos do que nos envergonhar.

Porém... porém... fui ensinada a escondê-lo por causa de pudores de gerações e gerações. Está tudo aqui em mim, agora. Não é assim que se vai mudando, não tão bruscamente. Você concorda?

Eu sempre vi a minha mãe virar as costas para erguer uma blusa e sempre soube que ela não gostava que a gente se trocasse na frente dela. Aí, o que eu fazia? Me escondia. É claro que tem mães mais desinibidas, mas a minha ainda é assim, modelo antigo. Ora, você sabe como ela é.

Mas e daí? Ela é assim e pronto. E eu acabei ficando igual ou, pelo menos, parecida. Eu respeito esse jeito dela. Por que não vão respeitar o meu?

Minha irmã caçula já é diferente. Vai logo tirando a roupa. Se troca na frente da gente sem o menor problema. Chega em casa, vai contando as novidades enquanto tira a roupa e corre para o banho. Passa peladona pelos quartos, anda o corredor inteiro para buscar a toalha que esqueceu. Vai e vem. Frente e verso. Ela é assim. E daí? Pergunto eu outra vez.

Daí que cada um é de um jeito e quando eu gritei: EU NÃO VOU, foi só por isso. Foi no impulso. O grito saiu. Não dava para eu mudar de repente, nem dava para explicar os meus motivos.

Eu sei que os tempos são outros. Você vai dizer: veja as praias, as revistas... e eu já pensei nisso tudo. Ora! Mas será que porque eu nasci no fim de um século, quase outro, não posso ter lá os meus complexos?

Você pensa, por exemplo, que a Carminha não chorou? Puxa! A Carminha é bem gorducha e não gosta disso. Isso é uma coisa que a incomoda. Então, como poderia ficar feliz ao ser obrigada a se mostrar para aquele bando de gente? Já a Lu, que é gorda mesmo, tira a roupa na maior. Não liga nem um pouco. Isso porque as pessoas são diferentes. Será que só a Laura não sabe disso?

É claro que a Ana, a Clô e a Miriam também não se importaram e levaram tudo na brincadeira, como sempre. Elas são muito divertidas e para elas tudo é farra. Davam risada, desfilavam para lá e para cá. Amarravam o blusão na cintura e ficava ridículo porque sempre alguma coisa ficava de fora. Ora na frente, ora atrás.

Depois, confesso até que a gente riu um pouco porque ninguém é santo. Achamos que a Cleide pelada fica ainda maior do que com roupa. Que o seio da Tânia é pequeno e o da Norma é imenso. Que a Alice não tem traseiro e a Liliam tem para vender. Coisas assim.

Não sei como, consegui ver o lado divertido daquela situação e eu fui relaxando. Talvez porque ninguém tinha conseguido me ver pelada. Ninguém mesmo. Acho que nem a Laura.

Eu fiquei bem espremida atrás da porta do banheiro, enquanto ela chacoalhava a minha roupa de um lado para o outro procurando o dinheiro. Não sei se com medo do escândalo que eu prometia fazer, ela nem me pôs no chuveiro. Fiquei tão contorcida tentando tapar todas as partes do corpo de uma vez, que quase virei um nó. Por isso, e acho que só por isso, depois, consegui ver alguma graça naquela situação. Quer dizer, acho até que tinha um lado meio nervoso nas nossas risadas.

Tá bom. Você deve estar rindo também. Vá lá, aqui entre nós. Foi engraçado. Era muita mulher pelada correndo para o chuveiro frio e saindo arrepiada. Não é uma coisa que a gente vê todos os dias. Mas, claro, continua errado. Injusto. Isso ninguém pode fazer. Ou pode?

E agora eu pergunto: tudo isso adiantou? Você acha então que naquela confusão de roupa, sapato e mulher pelada alguém ia achar alguma coisa? Todas tinham algum dinheiro na carteira. Era roubado? Como saber? Só depois de muito tempo, a Laura resolveu perguntar:

— Quanto roubaram, Dora?

— Ah! Só o dinheiro da condução. Era pouquinho...

Não dá vontade de socar? Até a Laura percebeu a bobagem que tinha feito. Pigarreou, gaguejou, coçou a cabeça e falou:

— É... Não encontramos, meninas. Podem colocar suas roupinhas. MAIS ISSO NÃO VAI FICAR ASSIM. VOU TOMAR MEDIDAS PARA QUE ISSO NÃO SE REPITA!

Aí deu dinheiro para a Dora pegar o ônibus e morreu a história.

Morreu? Você é que pensa. E à tarde? Mesmo tendo sobrado pouquíssimo tempo, fomos para casa almoçar, só por birra, e chegamos atrasadas para as aulas. Não sei como, quando chegamos, todos já sabiam do vexame. Os meninos riam de rolar no chão. Que vergonha. A gente andava em bando para passar vergonha juntas. E os meninos perguntavam:

— Vocês ensaiaram hoje? Foi ensaio de quê?

— Estava fria a água, meu bem?

— É verdade que teve desfile?

Enfim, todos, sem exceção, comentavam. Foi terrível! Tentamos descobrir a culpada. Afinal, alguém fizera com que passássemos um vexame danado, que ficaria sendo comentado por um bom tempo. Bancamos detetives sem sucesso, pois qualquer uma poderia ter entrado e saído do vestiário a qualquer hora, sem ninguém desconfiar.

Podia nem ser mulher. Distraídas como estávamos ensaiando, o vestiário ficou às moscas. Será que a Laura tinha lembrado de trancar as portas? Não seria o caso de alguém ter lembrado de perguntar? E, depois, não é pelo valor, porque roubo é roubo. Está errado e ponto. Na verdade, nem é roubo. A gente fala roubar para qualquer dos casos, mas isso tem o nome de furto. Roubar envolve o uso de arma, violência. Mas isso não tem nada a ver. Está errado e não se discute.

Mas precisava ser daquele jeito? Não dava para tentar resolver tudo de um modo diferente, um pouco mais civilizado?

O pior é que depois de uma semana, ou melhor, hoje, ficamos sabendo de um detalhe importantíssimo. A Dora disse que não imaginava causar tamanho rebuliço pois sempre alguém dizia ter perdido alguma coisa. Mas, depois, ainda no vestiário, devidamente vestida, (aliás, as únicas com roupa eram ela e a Laura) e assistindo à comédia, ela enfiou a mão no bolso e... sabe o que achou? Um buraco. Isso. Um buraco no forro do casaco... e... mais adiante... depois do buraco... uma linda notinha toda amassadinha.

— É que uma vez armada aquela confusão, fiquei bem quieta — disse ela. — Imaginem se eu contasse, a Laura me matava ali mesmo. E vocês, então! Morri de medo!

E pensar que eu fiquei nua à toa.

Por isso sumi. De raiva, decepção e ocupada em bancar a detetive para descobrir uma culpada que nem mesmo existia, já que o dinheiro nem sumiu. Por isso, também, escrevi hoje o meu protesto que já está sendo publicado no jornal da escola.

É assim:

"Senhoras e senhores,

Em virtude do lamentável fato ocorrido nos vestiários femininos na última segunda-feira, as vítimas idealizaram, em nossos laboratórios, um aparelho revolucionário chamado O DOSADOR. O dosador é um minúsculo aparelho que se instala nas cabeças das pessoas, sem qualquer sensação de desconforto. Sua finalidade, como já diz o nome, é a de dosar. Dosar o quê? Ora, dosar tudo, pois se, naquela manhã, tivéssemos já o dosador, nada teria acontecido? Querem ver?

1. A Laura teria dosado o seu gênio, seus nervos, seu poder e autoridade sobre nós.
2. A Dora teria dosado o seu medo e revelado na hora o que revelou com uma semana de atraso. Ou seja: não havia ladra alguma.
3. As vítimas teriam dosado sua tolerância e subordinação, recusando-se a obedecer uma ordem sem sentido.

Bem, agora que o dosador existe, é instalar e sentir a diferença, pois: "Quem usar, não vai abusar."

Aos rapazes, um apelo: "Dosem a gozação, pois ela já passou dos limites."

Gostou, amigo?

Então, me ajude a entender o que acontece com as pessoas porque você sabe que esse tal **dosador** que eu inventei para o artigo não existe.

Diga para a sua amiga: Como fazer com que um ser tido como tão inteligente como o homem tenha reações mais sensatas? O que você teria feito no lugar da Laura? E no meu?

**Gabi**

## Papo-Cabeça

Depois de saber como as coisas aconteceram no vestiário, a gente fica pensando nas reações das pessoas e a primeira atitude que temos é a de julgar, condenar e rotular os seus comportamentos. Diríamos todos: a Laura foi impulsiva, a Laura agiu mal. E, principalmente, diríamos: EU FARIA DIFERENTE!

Mas, faríamos diferente ***como***? Alguém nos dá esta resposta?

Geralmente, o que fazemos é criticar sem oferecer soluções pois, para isso, é preciso pensar, refletir, o que, além de tomar tempo, dá um certo trabalho. Correto?

Não. Desta vez vamos tentar, em vez de simplesmente julgar, encontrar uma saída para essa questão. Para isso, será preciso levar em conta alguns aspectos:

1. A Laura agiu por impulso diante de um fato inesperado. Ela não teve tempo para analisar a situação como vamos tentar fazer agora. Claro que, de improviso, fica muito mais difícil tomar a atitude certa e isso também deve ser levado em conta.

2. As meninas não questionaram a sua ordem. Mesmo achando errado, acataram e, fazendo isso, legitimaram a autoridade da Laura. Apenas uma delas protestou, mas, sozinha, não teve força. Será que, naquele momento, se outras alunas a tivessem apoiado, as coisas não teriam sido diferentes?

3. A Laura estava na posição de comando. Como professora, exercia um certo poder sobre as suas alunas. Mas todo poder envolve responsabilidade e só é eficiente quando coerente e justo. Como a Laura usou o seu poder?

4. As ordens, acima de tudo, precisam ter sentido, precisam ser claras, bem explicadas. Não existem normas rígidas que possam ser usadas em todos casos. Elas precisam ser coerentes com a situação vivida para que sejam obedecidas. Neste caso, as ordens de Laura tinham algum sentido prático? Eram elas razoáveis para não serem questionadas?

5. Um dos valores que aprendemos desde cedo é o chamado *respeito*. E, como costuma acontecer com a maioria dos valores, a questão do respeito acaba, muitas vezes, ficando perdida e esquecida no meio de nossas ações mais corriqueiras. Mas vale a pena pensar: será que a Laura respeitou as suas alunas?

Bem, uma vez considerado tudo isso, que tal fazer um exercício diferente?

Assim como precisamos praticar para aprender regras, conceitos e soluções de equações e problemas, que tal começarmos a exercitar também a nossa posição diante do mundo e o nosso papel de cidadão?

Usando o seu bom senso, a sua criatividade e sem a preocupação de descobrir soluções mágicas, ou de acertar, reflita sobre os pontos discutidos. Depois, sendo você o amigo que recebeu esta carta, responda: o que você faria **"se esta história fosse sua?"**

# Se essa história fosse minha

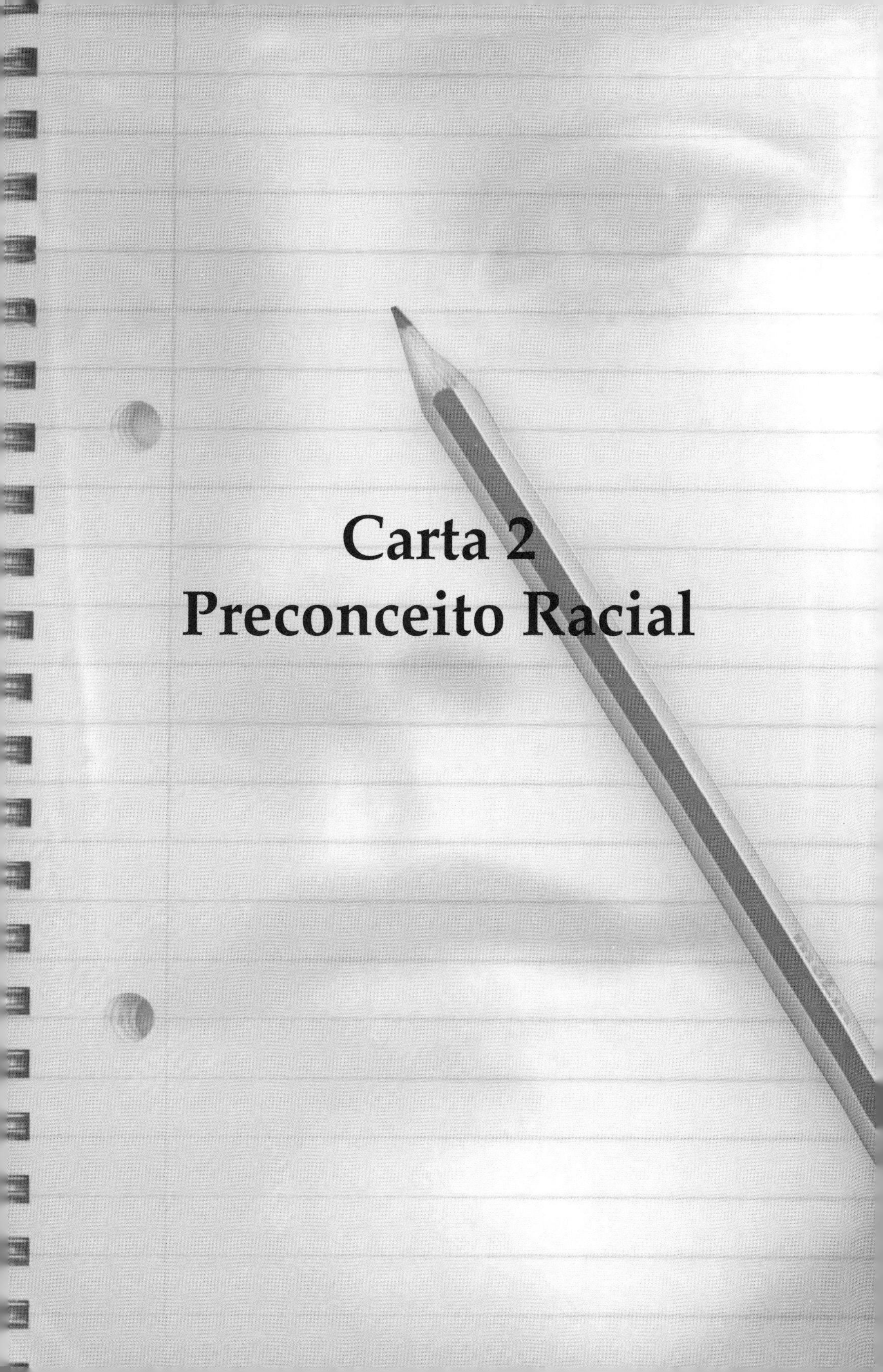

# Carta 2
# Preconceito Racial

# Alma Branca

Olá, amigo,

Aqui estou eu mais uma vez escrevendo para você. Ou será para mim? Às vezes, tenho lá as minhas dúvidas se quando escrevo para você não estou querendo me ler, me conhecer melhor, me enxergar. Isso parece loucura? Nem tanto assim, pois ao escrever para você sou obrigada a pensar, escolher as palavras, depois a ler, corrigir e, às vezes, até rescrever. Com tudo isso, acabo revivendo algumas coisas e me conhecendo melhor.

Sabe como é. Quando a gente escreve alguma coisa sabendo que alguém vai ler, a gente procura caprichar e se mostrar como uma pessoa boa. Daí, ao ler o que escrevi, se descubro que revelei um lado meu que não é tão bonitinho assim, tenho vontade de corrigir tudo para que ninguém saiba como sou.

Tá legal. Hoje estou meio dramática mesmo. Mas você logo vai entender. O que eu tenho para contar, não me enobrece em nada e eu sei que, mesmo corrigindo esta carta milhões de vezes, não vai dar para esconder de você um lado meu nada bonito. Dessa vez você vai ficar decepcionado comigo de verdade, amigo. E eu não tenho como escapar.

Esta não é uma história simples de contar, é quase uma confissão de culpa. E sei que por mais que eu tente colorir os fatos, você vai se decepcionar comigo. Então, considere esta carta como um desabafo e tente me perdoar.

Tudo aconteceu logo na primeira semana de aula. Era para ser uma semana só de folia, não era? Bem, se era, não foi. Muito pelo contrário.

Não vou mais fazer rodeios, não torça o nariz. Estou demorando porque sei que quando eu começar, não vou poder parar no meio nem esconder nenhum detalhe.

Foi assim.

Logo na segunda-feira, bem cedinho, o ônibus da escola parou na porta do prédio onde eu moro. Eu sou a primeira a ser apanhada e isso significa que sou uma das alunas que mora mais longe da escola. E significa também que fico dentro do ônibus mais tempo do que todo mundo, ou seja, vejo todos entrarem no ônibus, na ida, e, na volta, vejo todos descerem.

O que isso tem de importante? Tem que tudo o que acontece no ônibus eu assisto. Do começo ao fim da viagem. Não perco nadinha. E também converso com quase todo mundo porque, à medida que alguns amigos meus vão descendo, eu vou procurando outras companhias. Se viajar sozinha, acabo dormindo.

Na terceira ou quarta parada do ônibus, subiram três alunos. Dois deles nós já conhecíamos, mas a terceira menina que subiu era novata. E você sabe como somos cruéis com os novatos, não sabe? Todos nós, bem enturmados, vamos pegar no pé de quem? Dos alunos novos. Claro, tudo na maior inocência, só diversão.

A menina nos encarou com um sorriso meio murcho, toda sem graça, e veio procurando um lugar para sentar. Quando ela ameaçou sentar ao lado da Sílvia, mais do que depressa, Sílvia colocou a mochila no banco vazio, fingindo não ter percebido a sua intenção. Então, ela foi sentar ao lado do Guto, que inventou que aquele lugar estava ocupado. Jogada de um lado para o outro, a garota foi sentar na última fileira e sozinha.

Não venha me recriminando desde já, pois do meu lado estava a Cris, amiga de muitos e muitos anos, que eu não podia mandar embora sem mais nem menos.

Bem, ate aí, nada de muito grave.

O ônibus andou mais um pouco e parou num sobrado de esquina. Não é que subiu mais um novato? Desta vez, um garoto. Ele olhou para o pessoal, mas, rapidinho, fisgou com o olho a garota do último banco e foi direto para lá. Nem pensou em escolher outro lugar.

Você vai dizer: "Ah! Que sorte a deles. Já eram amigos?"

A resposta é não. Não se conheciam e nada tinham em comum a não ser o fato de terem a mesma cor de pele: eram negros.

Deu pra sacar o que eu não expliquei logo de cara? Por que um jogou a mochila e o outro inventou a desculpa do lugar ocupado? Dá pra entender agora também por que, mais do que depressa, o menino novato foi sentar lá atrás? Claro como o dia, não é?

Até aí, também, nada tão grave. O pior veio depois, na viagem de volta e, mais ainda, dias depois.

Nós, em turma, nos sentíamos muito seguros e protegidos. Éramos amigos antigos, achávamos que aquele ônibus era nosso, que a escola era mais nossa do que deles — só porque estávamos lá há mais tempo — e éramos maioria.

Na ida e na volta os dois ficavam juntos e praticamente calados. Ficaram amigos, claro, mas na nossa frente não pareciam estar nem um pouco à vontade.

Por que será, se somos tão inofensivos?

Pois nós, os inofensivos (eu, inclusive), só ficávamos cantando umas músicas divertidas ou contando piadinhas mais divertidas ainda. As músicas falavam da *"nega do cabelo duro"* e as piadas, sem querer, falavam sobre pessoas negras ou, como a gente se referia: *" Era uma vez, um homem de cor..."*. E a gente falava bem alto e ria muito.

Pronto. Já está morrendo de raiva de mim ou quer mais?

Pensa que paramos por aí? Nananinanão. Continuamos cantando e rindo, cantando e rindo, felizes da vida com a nossa valentia.

Para você ter uma idéia do que aprontamos, fizemos o material da menina desaparecer, o lanche do garoto cair e provocamos tanto que, numa bela manhã, para nossa surpresa, a mãe da menina subiu no ônibus com ela.

E a nossa valentia? Desceu do ônibus.

Você já ouviu o som do silêncio? É pouco. Acho que até o motor do ônibus fez menos barulho do que estava acostumado. Eu fiquei dura na cadeira com o pescoço, mais duro ainda, virado para a janela, o nariz enfiado no vidro. Parecia surda, cega e paralítica. Bem, eu e toda aquela penca de amigo esperto que eu tenho.

Agora você já está querendo me xingar, não está?

Mas tem mais. Quando chegamos, para a nossa surpresa e alívio, a mãe da menina deu um beijo na filha, agradeceu o motorista e começou a andar pela calçada, felizmente, para bem longe da escola.

O bando de valentes respirou fundo. No intervalo, tremedeira já controlada, todo mundo combinou de fechar o bico pelo menos até a fiscalização acabar.

A mãe repetiu esse esquema por mais dois dias. Ida e volta. Nunca se viu um ônibus escolar tão silencioso e comportado. Acho que até o motorista, seu Luís, aproveitou para dar um descanso aos ouvidos.

Feras de férias, até segunda ordem. E a segunda ordem foi dada na primeira manhã em que a menina se atreveu a subir no ônibus sozinha. Lá estava ela e o seu amiguinho, no mesmo fundo de ônibus, no mesmo banco, cercados pela mesma turma de valentes.

Cantoria, batucada e gritos. Todo o nosso repertório de provocações foi tirado do baú. Exageramos tanto que até o seu Luís, que tem uma paciência deste tamanho, não agüentou e pediu que a gente parasse com aquilo. Você obedeceu? Nem nós. Só paramos mesmo quando chegamos no colégio.

Claro que as coisas não iam ficar assim. Fomos chamados, nossas famílias convocadas, diretoria reunida e dá-lhe tremedeira e sermão. Meus pais estavam até encolhidos de tanta vergonha. Os pais dos meus amigos diziam não conhecer seus filhos. Um vexame!

Só para resumir: teve discurso; advertências; pedidos de desculpas; pais se lamentando; mães chorando; todos eles nos acusando de preconceito racial, discriminação, etc. e tal.

Mas, depois de muita acusação e uma vez decidida a nossa punição, os pais dos garotos resolveram aceitar as desculpas sem levar as coisas muito adiante. Sorte a nossa, pois com aquele susto já tinha dado para aprender alguma coisa.

Só que, provando que o preconceito existe e existe mesmo, a pobre da diretora, querendo encerrar o assunto, perdeu-se toda num discurso sem eira nem beira e, teve a infeliz idéia encerrá-lo dizendo: "Esta escola recebe de braços abertos alunos de todas as raças e credos para formarmos, juntos, uma enorme família. Somos todos iguais, e se vocês são negros na pele, têm a alma branca!"

Terremoto! Fim do século! Fim do mundo!

Caiu uma bomba no prédio naquele segundo!

Vou poupar você dos detalhes mais escabrosos. A reação das duas famílias negras foi imediata. Acabou classe, educação, formalidade e paciência. Só faltou chamar a polícia, uma associação de defesa dos direitos humanos, a imprensa, advogados e quem mais fosse lembrado. Meu pai falou que era caso mesmo de dar queixa e abrir processo contra todos nós.

Alguma vez você já sentiu vergonha, amigo? Pois eu já. Uma vergonha enorme que vai aumentando e me engolindo. Tenho a impressão de que todo mundo agora olha para mim de um jeito diferente. Andando na rua, onde ninguém nem sabe o que aconteceu, tenho a sensação de que estão me acusando. Claro que sou eu mesma que, decepcionada comigo, vejo isso nos olhos dos outros. É isso.

Depois de muito falatório e confusão, a diretora reconheceu seu erro e desculpou-se como pôde. Explicou não ter intenção de ofender e que certas frases preconceituosas estão enraizadas em nós de tal modo, que nem percebemos mais seu real sentido. Enfim, a situação foi levemente contornada. Não sei como ela se sentiu depois disso, mas sei bem o que sobrou para nós, alunos.

Nosso castigo ou pena, — seja lá o nome que você encontre para isso — é merecido e bem longo. Temos de fazer uma pesquisa sobre a história dos negros no Brasil. Não uma pesquisa qualquer. Ela é cheia de requisitos e quanto mais eu leio sobre o assunto mais me envergonho do que fiz. Depois, vamos apresentar nosso trabalho para toda a escola, no palco. Fora isso, estamos trabalhando junto com nossas classes temas como auto-estima, respeito, cidadania e solidariedade.

E eu pergunto: precisava tudo isso para eu aprender? Já não tinham me falado tanto antes que era preciso respeitar as pessoas? E quando disseram isso, alguém falou que, primeiro, era para ver qual a cor delas? Não deixaram claro que era para respeitar *todas as pessoas*?

Só que eu preferi me divertir, cantando musiquinhas para dois alunos novos da escola. Por acaso, dois negros que, além de estarem inseguros por serem novos na turma, já carregavam com eles muitas e muitas histórias como esta. Hoje eu sei o que quer dizer discriminação. Aliás, amigo, aprendi muita coisa e espero que para sempre.

Acho que vai levar um tempo enorme para passar esta sensação ruim que ficou comigo e, talvez, desabafar com você já faça parte dessa vontade de cura. É. Parece exagero? Pois não é, amigo. Desrespeite alguém como fiz e depois venha me contar como se sente.

Tem outra coisa. Alguém me perguntou se fazendo tudo isso que a escola fez — punindo, exigindo trabalhos —, não estaríamos reforçando o preconceito ainda mais e deixando evidente que ele existe. Mas ele existe mesmo e só vai acabar quando a gente entender uma porção de coisas.

Mudar isso vai dar um pouco de trabalho. Por isso, acho que durante muito tempo ainda os negros vão ter de defender os seus direitos e exigir respeito. Até todo mundo aprender. Como eu.

E agora? Ainda posso chamar você de amigo? Não está hiperarrependido de me conhecer? Pode confessar, eu vou entender.

Mas diga, amigo. Se você estivesse no meu lugar, teria acompanhado a maioria naquela cantoria ou ia defender os dois alunos novos? Se fosse pai da menina negra, o que diria? Como você defenderia a sua cor, se fosse preciso? Diga, sinceramente, até que ponto o preconceito está enraizado dentro de você? Em mim estava e eu nem sabia.

Uma última pergunta, amigo: se negro bom tem alma branca, depois de agir assim, de que cor fica a minha, a nossa alma de branco? Hein?

**Gabi**

## Papo-Cabeça

Geralmente, ao tomarmos conhecimento de um caso como esse, a nossa reação imediata é de indignação e o nosso senso de justiça parece ser o maior do mundo. No entanto, quantas vezes não nos surpreendemos diante de situações parecidas e tomamos exatamente as atitudes que condenamos? Como sempre, muito fácil julgar. O difícil é fazer.

Então, somos forçados a admitir: o preconceito racial existe apesar de, muitas vezes, se apresentar de forma camuflada. Sob uma camada de verniz, algumas atitudes preconceituosas acabam até sendo encaradas como normais. Mas uma sociedade que se diz democrática não pode apenas disfarçar. É preciso, de fato, acabar com todo o tipo de discriminação e injustiça.

Vamos pensar a respeito desse assunto, levantando alguns pontos importantes:

1. O que vem a ser o preconceito racial? Você acha que existe preconceito no Brasil?

2. Revendo a História do Brasil, podemos dizer que essa discriminação começou na escravidão, na qual o negro era considerado propriedade do homem branco. Como isso ainda transparece na nossa cultura?

3. O Brasil é o país com a segunda maior população negra do mundo, contudo, no mercado de trabalho, a quantidade de negros em setores elitizados é muito baixa. O mesmo ocorre quanto ao ingresso do negro nas universidades. Isso gera problemas sociais graves e um círculo que se repete — sem educação, sem emprego —, perpetuando a noção de inferioridade do negro. Como quebrar esse círculo?

4. No texto, além do preconceito manifestado pelos alunos no ônibus, mais tarde, uma frase dita na escola quase acabou com qualquer possibilidade de entendimento. Existem, na nossa língua, várias expressões já clássicas que revelam o preconceito: "bom crioulo", "negro de alma branca", "negro também é gente", "é negro, mas é educado", "fulano tem cabelo duro". Há ainda, na seleção de candidatos a empregos, a conhecida expressão: exige-se "boa aparência". O que significam realmente essas expressões?

5. Não podemos esquecer também o direito, garantido pela Constituição, de que: "todos são iguais perante a lei, sem distinção de sexo, cor, credo e raça".

6. E, além disso, independentemente de leis, o que dizer dos direitos que todos temos a estima, auto-estima, solidariedade e respeito?

Levando isso em conta, coloque-se no papel de um ou mais personagens desta história e tente dizer, com suas palavras, como você reagiria e o que faria: "**se esta história fosse sua?"**

# Se essa história fosse minha

# Carta 3
# Delação

# Quem foi que contou?

Querido amigo,

Lá venho eu, mais uma vez, contar o que anda acontecendo no mundo como se você não soubesse. Como se você também não freqüentasse escola, não saísse de casa, enfim, como se só eu estivesse viva.

Imagina só se alguém consegue não enxergar tudo de muito louco que está acontecendo por aí! Os jornais falam, a televisão mostra, os amigos comentam... E tudo que parece acontecer bem longe, na verdade, está é bem diante do nosso nariz! Não é notícia de jornal. É coisa bem real, que envolve você e seus melhores amigos.

Quer saber o que foi desta vez? Eu conto.

Eu já contei para você como a minha classe é unida? Pois é, acho que é porque estudamos juntos há bastante tempo.

Bem, exagerei. Nem todos são tão amigos e nem todos estão juntos há tanto tempo. Não é esse mar de rosas que estou pintando. Mas o que a gente combina de fazer junto, acaba sempre funcionando. Isso lá é verdade.

Eu disse acaba? Melhor dizer acabava, porque este ano parece que tudo mudou. Nada mais é segredo. Não há nada que uma pessoa faça, que os outros não descubram. Mesmo que você esteja só pensando alto, pronto, num instante, todo mundo fica sabendo.

O pessoal começou a ficar cismado com isso. Será que era coisa de aluno novo? Como aquele cara de nariz empinado que não se dava com ninguém? Ou como a Lívia, aquela menina linda que conquistou uma porção de fãs entre os meninos e inimigas entre as meninas, assim que pisou na escola? Bom, mas aí já era cisma minha. Sejamos neutros.

O fato é que o pessoal começou a se perguntar como a diretora tinha descoberto, por exemplo, a vez em que tínhamos combinado de cabular a última aula para ir ao cinema.

Quem teria contado que esconderíamos nosso material nos armários e sairíamos disfarçando, durante o intervalo, assim, mãos abanando como quem não quer nada, assobiando, olhando para cima, bem de mansinho, ora um, ora dois, ora três... até que não sobrasse mais ninguém da nossa classe?

E, na semana anterior, quem teria contado para a Janete que o Milton, seu namorado, tinha ido ao shopping com outra garota? Depois, soubemos que eles nem estavam sozinhos, mas, naturalmente, o pedaço mais importante esqueceram de contar, porque quem fez isso queria mesmo era provocar um incêndio, não apagar.

E assim, meu amigo, uma coisinha daqui, outra dali, e nós começamos a ficar preocupados. Tudo o que alguém comentava na classe vazava pelo colégio inteiro. Quem seria o espião? Quem seria o inimigo?

— Que inimigo? Você está viajando! — a Nádia, um dia, veio pondo panos quentes. — Não tem espião nenhum. Acontece que a gente fala alto mesmo. Pura falta de cuidado nosso!

— Ah! É? — discordei — Você acha que a gente se descuidou quando saiu para ir ao cinema? Pois eu mal respirava!

— É verdade — o Milton me ajudou —, como foi que o seu Valter pegou a gente lá na esquina? Claro que alguém falou demais!

— Mas alguém quem? — A Nádia ainda duvidava. — A gente é ou não é amigo?

— Isso é o que eu também queria saber! — fui logo reforçando a dúvida dela. — Porque a gente sempre confiou um no outro e parece que agora não dá mais.

— Gente! Peraí... — Lívia, a novata, entrou na conversa. — Acho que vocês estão preocupados à toa. O seu Valter deve ter percebido um movimento estranho e ficou desconfiado...

— Tá certo, Lívia. E quem, então, percebeu o "movimento" do Milton passeando no shopping? — eu perguntei.

— E quem contou para a diretora que eu não assisti às duas últimas aulas da terça-feira? — o Gil lembrou.

— E que eu cheguei atrasado, se o seu Valter nem viu? — Lucas completou.

— Sabe o que acontece, Lívia? — falei, me sentindo dona da situação. — Você é nova aqui e não sabe que quando a gente combina uma coisa, ninguém fica sabendo. A gente é como unha e carne. Todo mundo fica junto tanto para aprontar como para arcar com as conseqüências.

— Ora, isso a gente combinou com ela também! — o Gil tentou livrar a pele dela. — É claro que a Lívia não sai por aí contando o que sabe.

A Lívia arregalou os olhos, assustada, e eu logo me expliquei:

— Ei! Eu não disse que é ela! Só disse que ela não estava aqui antes para saber como as coisas eram e por isso não estranha essas mudanças como nós. Só isso.

— Tá legal, mas não adianta a gente ficar aqui tentando descobrir quem anda nos traindo. O melhor é um ficar de olho no outro — o Ricardinho sugeriu.

— Um vigiando o outro? — estranhei. — Mas que tipo de amizade é essa?

— É só até a gente descobrir e acabar com este clima — ele reforçou. — Um toma conta do outro até as coisas voltarem ao que eram... Se a gente ficar esperto, tudo isso vai parar de acontecer. Vocês vão ver.

Então, o Lucas subiu na mesa da professora para repetir uma coisa que a gente já tinha combinado há muito tempo: "Aqui não tem dedo-duro, certo? Contar segredo da turma é covardia... é traição!" E assim, tudo ficou acertado. Pacto mais uma vez selado.

Em casa, eu perguntei para o meu pai o que ele achava de alguém que ficasse contando tudo para os outros e ele disse que contar o que se sabe só para prejudicar alguém, nunca foi visto como uma atitude muito certa... Um delator não é visto com simpatia por ninguém.

Meu pai disse, ainda, que quando a gente conta alguma coisa para ajudar, livrar alguém de um perigo, pelo menos tem uma razão forte para revelar um segredo. Ele deu até um exemplo.

Contou que quando era pequeno, uns garotos planejaram colocar uma bomba caseira no laboratório da escola e ele mais alguns amigos desarmaram o plano, avisando o professor. Mesmo assim, não tiveram coragem de dar os nomes dos garotos envolvidos. Felizmente, os culpados acabaram confessando.

É. Este assunto é mesmo delicado. Sabe o que eu penso? Que existem situações diferentes e que é muito difícil ter uma regra que funcione sempre. Mas só se acusa alguém em último caso e para o bem. Nunca pelo prazer de prejudicar o outro.

Na prática, resolvi seguir o conselho do Ricardinho e ficar de olho bem aberto. Mas eu pensava: ficar de olho aberto para quê, se descobrindo o culpado, eu talvez não tenha coragem de contar quem é ele?

O tempo passou e a gente acabou esquecendo um pouco isso tudo. Só que, um dia, aconteceu uma coisa que fez todo mundo voltar ao assunto.

Um grupo grande da minha classe tinha ido falar com a diretora para convidá-la para ser nossa madrinha na festa de final de ano. Chegamos na sala dela em bando, assim, de repente, sem avisar, de tão ansiosos.

Ela nos recebeu muito bem e aceitou nosso convite. Ela se emocionou e nós nos emocionamos. Tudo muito lindo até que a Nilza viu uma pilha de papel na mesinha de centro da sala. Mais do que depressa, puxou a pontinha de uma das folhas para fora do pacote e quase deu um grito ao descobrir que eram cópias das nossas provas de Biologia.

Então ela me cutucou e mostrou o pacote.

— Nossa prova... — ela sussurrou. — Pego? Me dá cobertura...

E numa rápida troca de olhares todo mundo entendeu a situação. Sem falarmos uma palavra, fomos nos aproximando da mesa da diretora, impedindo sua visão do restante da sala. Nós esticávamos a conversa enquanto a Nilza, lá atrás, agia. Puxou uma página, mais outra. Enfiou tudo amassado debaixo do agasalho e fomos saindo de ré, cheios de sorrisos para a nossa diretora e, agora, madrinha.

Não preciso dizer a gritaria que fizemos lá fora. Quem ouviu, deve ter imaginado que era a nossa alegria pelo fato de a diretora ter aceito o convite. Mas o motivo era outro. Ninguém mais ficaria para exame. Não naquela matéria. Tínhamos as questões da prova mais temida da escola.

Escondidos por todos os cantos, copiamos as perguntas às pressas. A prova seria na manhã seguinte e não teríamos tempo para nos encontrar depois. Tudo tinha de ser resolvido ali mesmo, apesar do perigo. Depois, pegamos o nosso material e sumimos dali.

Na manhã seguinte, a sabedoria baixou nas nossas cabeças e todos nós nos saímos muito bem na prova. Os erros eram planejados para não chamar a atenção. Mas que erros? Cada um quis tirar uma nota mais alta e errou bem pouco a ponto de, dois dias depois, a professora entrar na sala de aula com as provas debaixo do braço e com a diretora à tiracolo.

Tínhamos sido apanhados. As notas, sempre abaixo da média, estavam para lá de excelentes. E as respostas... praticamente cópias do livro.

— Podem começar a se explicar, mocinhos! — foi só o que a diretora falou.

Claro, ela já tinha concluído as conseqüências da nossa ida até a sua sala e, pior, devia estar achando que tudo tinha sido premeditado. Nada disso. Foi mera coincidência mesmo e tudo aconteceu tão rápido que ninguém teve tempo para culpas ou qualquer constrangimento. Além disso, todos precisavam de nota para passar de ano e não era pouca.

Alguém poderia até acusar a Nilza. Mas se foi ela quem viu as folhas primeiro, fomos nós que cercamos a diretora para que ela entrasse em ação e fomos nós também que copiamos tudo, colamos e nos complicamos juntos. Tentamos nos defender, sem sucesso. Não dava mesmo para convencer ninguém de coisa alguma.

Então, a diretora anunciou a única saída: "Ou o culpado se identifica, ou todos tirarão nota zero!"

Dito isso, foi embora, enquanto nós ficamos na sala, tentando descobrir um jeito de sair da encrenca. Alguns entraram em desespero, outros tentaram se livrar da culpa e a discussão começava a ferver, quando o Lucas subiu na mesa, de novo.

— Sem essa, gente! Estamos juntos nessa história! A Nilza pode ter tido a idéia, mas todo mundo topou e gostou. Agora não dá para sair fora. É assumir e pronto. Eu voto pelo zero! Quem está comigo?

Bem, amigo, a maioria aderiu à proposta do Lucas apesar de ficar com o estômago doendo. Um zero, naquela prova e àquela altura do ano era suicídio. Poderíamos pedir uma outra prova, mas sabíamos que a punição, num caso desses, ia ser pesada.

Mesmo assim, a maioria concordou e nós fomos falar com a diretora. Aceitaríamos o zero, mas não íamos citar nomes. A culpa era de todos.

Fim.

Fim?

Coisa nenhuma. Antes que chegássemos na diretoria, a grande novidade: Nilza foi chamada e foi suspensa. A classe foi convocada a fazer outra prova, naquele mesmo instante. Nossa! Que sensação ruim saber que a Nilza ia pagar por tudo aquilo sozinha.

Fizemos a prova de qualquer jeito. O que queríamos mesmo era poder falar com alguns professores que costumavam nos apoiar em momentos difíceis.

— Vocês desta vez exageraram — o professor de Matemática foi logo dizendo.

— Não estamos negando isso — eu falei. — Só não achamos justo a Nilza pagar por tudo sozinha! Nós estávamos indo até a diretoria para avisar que aceitamos o zero!

— Só que, antes disso, recebemos um bilhete anônimo, dando o nome do culpado — o professor contou. — Acreditamos ser essa a opção de vocês.

— Nossa! Quem será que fez isso? — a Nádia perguntou.

— O DELATOR! — eu gritei. — Foi mais um golpe de quem vem nos traindo!

— Calma, menina. Traição é uma acusação forte — o professor falou. — É preciso ter provas.

Bem, meu amigo. Não vou poder contar em detalhes a nossa investigação nesse caso. Não foi um caso tão difícil de esclarecer, primeiro, porque a nossa turma até que se conhece bem, depois, porque o Ricardinho tinha sugerido que a gente ficasse de olho aberto e nós já tínhamos observado algumas coisas estranhas, aqui e ali. Quem estava sempre ausente nos momentos mais importantes? Quem precisava melhorar a imagem com a diretora? Quem mais provocava atritos entre nós?

Não pudemos evitar que entre os suspeitos aparecessem os dois novatos, a Lívia e o menino de nariz em pé. Nessas horas, se a gente não tomar cuidado, acaba cismando com quem não simpatiza. Mas pusemos isso de lado e, devagarinho, chegamos a alguns nomes. Sim, pois havia mais de um nome.

O que aconteceu depois? Bem, livramos a Nilza da suspensão e ganhamos o prometido zero. Fizemos ainda uma outra prova que também não foi nada fácil, e a classe inteira acabou ficando para exame. A gente bem sabia que com aquele zero tudo ia ficar mais difícil.

Até aí, tudo bem, já que éramos todos culpados. Não dava nem para discutir. O pior foi descobrir que havia mesmo delatores dentro da classe. Não era mais uma simples suspeita.

Engraçado que a diretora parece ter ficado mais aborrecida com a delação do que com a nossa arte de estudantes aflitos. Não que ela tivesse justificado o que fizemos, nem de longe. Porém, deixou claro o seu aborrecimento com a atitude daqueles que só pensaram em salvar a própria pele.

Aí lembrei do papai. Delatar para salvar alguém é uma coisa. Para se salvar? Para conseguir prestígio? Prejudicar um outro? Ih! Aí, tudo se complica.

Então, meu amigo, você vê que às vezes eu desapareço mas sempre volto com novidades. E dessa vez eu pergunto: o que você pensa sobre isso? Acha certo contar tudo o que sabe para os outros ao sentir-se ameaçado? Acha certo acusar para não ser acusado?

Como? Você quer que eu diga os nomes dos culpados? Olha, para ser bem honesta, confesso que erramos suspeitando dos novatos. Mas, já que tudo ficou resolvido, citar nomes para quê? Só para matar a sua curiosidade?

Eu, delatar?

Nem pensar!!!

**Gabi**

## Papo-Cabeça

Eis aqui uma questão delicada para examinarmos. A questão da delação. O que vem a ser exatamente isso? Vamos deixar claro:

**Delação** — *S. f.* 1. Ato de delatar; denúncia. 2. Revelação, manifestação, mostra.

**Delatar** — *V. t.d.* 1. Denunciar, revelar (crime ou delito). 2. Acusar como autor de crime ou delito. 3. Deixar perceber, denunciar, evidenciar, revelar. *T. d.* e *i.* 4. Denunciar como culpado — *Delatou os companheiros à autoridade.* 5. Revelar, denunciar. *Delatou à polícia o esconderijo dos ladrões.* 6. Denunciar-se como culpado, acusar-se.

**Delator** — *S. m.* Aquele que delata.

(in, *Novo dicionário básico da Língua Portuguesa*, Aurélio)

Vemos, então, que delatar é o ato de se acusar alguém. Um ato difícil de ser julgado, já que implica muitas variáveis. Vamos examinar alguns pontos:

1. Desde pequenos, costumamos ouvir que não devemos contar o que um outro faz pelo simples prazer de vê-lo em apuros. Algumas crianças costumam fazer isso para obter a aprovação de um adulto, já que, apontando o erro do outro, acreditam estar demonstrando o seu valor.

2. Isso pode se repetir muitas vezes nos primeiros anos de escola, em que o aluno, buscando também a aprovação do professor, procura e aponta tudo aquilo que possa prejudicar a imagem do colega. Dependendo da natureza

da criança, esse gesto continua sendo involuntário. Não se trata propriamente de maldade.

3. O tempo passa, a criança cresce e se essa conduta persistir ela será considerada uma pessoa que não é digna de confiança. É o chamado "dedo-duro" e há nessa conotação, sim, um julgamento claramente negativo. Você sabe explicar por quê?

4. O caso narrado é verídico. Houve de fato um delito cometido pela classe e houve uma delação. Não se trata aqui de justificar o delito, fique bem entendido. O que se discute é a delação e a motivação do delator. Em geral, obter um benefício exclusivo. Que benefício o delator poderia obter neste caso?

5. Imaginando outras situações parecidas, dê a sua opinião quanto à delação. Em que situações parece justo a você denunciar alguém? Reflita e opine.

6. Considere os seguintes pontos: lealdade, caráter, princípios, justiça, não esquecendo tratar-se aqui de um mero exercício de reflexão, sem julgamento de valores sobre a sua opinião seja ela qual for. Então, responda:

- É delação revelar algo que evidentemente vai prejudicar outras essoas, como, por exemplo, denunciar a bomba do laboratório, citada no texto?

- Como você agiria se soubesse de algo que um colega fez, tivesse participado de tudo e, depois, se visse acuado pela escola? Ou, melhor, como você agiria "**se esta história fosse sua?**"

# Se essa história fosse minha

# Carta 4
# O Torneio das Artes

# O Torneio das Artes

Oi, meu amigo. Como vai você? Eu vou bem. Aliás, sempre igual. E isso significa que continuo aquela pessoa curiosa, xereta mesmo, que fica observando tudo e todos e acaba quase sempre de queixo caído de puro espanto.

Ih! Falei demais e deixei você confuso. Puro pretexto para contar uma outra história que aconteceu comigo. Quer saber?

Lá vai.

Minha classe inteira ficou morrendo de inveja da Filó e do Guto. Assim que a professora saiu da sala, foi aquela barulheira. Todo mundo ficou em volta dos dois querendo saber mais e mais.

Eles tinham sido escolhidos como representantes da nossa classe e isso era um prestígio e tanto. E para representar a classe sabe como? Fazendo parte de uma banca examinadora que ia julgar os candidatos de um superconcurso.

Era uma espécie de caça-talentos que acabou levando o nome de "Torneio das Artes". Imagine só! Além de muitos prêmios, tinha até troféu e eles dariam as suas notas. Quer maior moral?

Mas por que eles dois? Isso eu queria saber. Ah, se eu queria! Fiquei com ciúme. Afinal de contas, não havia nada que me fizesse entender essa escolha. Em que eles eram melhores? O que será que tinham visto neles e não em mim?

Pura sorte. Soubemos depois. A escolha tinha sido feita através de um sorteio. Tudo bem, que fossem eles então. Mas será que eles saberiam fazer tudo direitinho? Era o que eu me perguntava, duvidando da capacidade dos dois. Maldade minha!

Outras classes tinham os seus representantes também. A mesa seria composta por doze jurados — seis alunos e seis professores —, e representar a metade dos votos, para os alunos, era muito significativo.

Puxa, amigo. Eu daria tudo para ter sido sorteada. Já pensou que poder eu teria nas mãos? A minha opinião valendo nota, ponto? O meu palpite valendo prêmio? Passei o resto da semana ruminando isso. Por que eles? Por que não eu? Dormi com isso. Sonhei com isso. Almocei isso.

Meu ciúme tinha um motivo: a popularidade que os jurados ganharam dentro da escola de uma hora para outra. De repente, os seis escolhidos viraram a grande atração. Com o nariz para cima, o peito estufado e a barriga para dentro, todos desfilavam como se fossem deuses! E eram. Pelo menos enquanto não passasse o maldito concurso.

Enquanto isso, já que não tínhamos outra opção, nós, os simples mortais, fomos ler o regulamento. O concurso teria cinco modalidades: canto, dança e interpretação, desenho e redação. Tanto os desenhos como as redações tinham um prazo de entrega menor para que pudessem ser avaliados antes e premiados durante a mesma festa.

O prêmio: férias no campo. Uma semana de hospedagem num hotel fazenda dos mais badalados, com direito a acompanhante, refeições, passeios, passagem e o que mais o hotel pudesse oferecer.

Um paraíso. Comecei a me imaginar andando a cavalo, nadando na piscina, passeando, curtindo e decidi que já que não poderia julgar, melhor ao menos tentar ganhar o prêmio. Aliás, foi sugestão da minha mãe, que falou: "Em vez de reclamar tanto, por que você não participa? Desenhe, você faz isso tão bem. Ou, então, cante que você é bem afinadinha".

Sabe, coisa de mãe. Filho é afinado, talentoso, bonito... Vai ver, uma coruja. Porém, eu queria mesmo fazer parte daquilo olhando tudo de cima e, ainda, sem correr o risco de perder, ou seja, sendo jurado. Eu continuava com aquilo atravessado na garganta, então o meu pai perguntou:

— Ser jurada para quê? O que você ganharia com isso?

— Fama — eu respondi na hora. — Aliás, você precisa ver como os jurados já estão sendo badalados.

—Pois eu acho mais fácil participar do que julgar — a mamãe falou. — Participar é uma coisa sua. Se você se sair bem, ótimo. Se não, valeu a experiência. Já, julgar outra pessoa é complicado. Imagine só a dúvida diante de vários talentos!

— Envolve muita responsabilidade — o papai completou. — Como saber se estamos sendo justos?

Justiça. E eu nem tinha pensado nisso, amigo. Já estava achando o máximo ficar lá, naquela mesa enorme, ao lado do diretor, fazendo valer a minha opinião. Mas, como disse o meu pai, como em tudo, havia um lado bom, outro nem tanto.

Estou contando isso para você ver que eu estava com inveja de alguma coisa que eu nem sabia direito como funcionava. Ser jurado dava, além de prestígio, uma dose extra de responsabilidade. E essa foi apenas a primeira coisa que descobri sobre o assunto.

Eu me inscrevi no concurso de desenho. Você sabe que eu gosto mesmo é disso. Preenchi a ficha de inscrição, peguei o regulamento e fiquei esperando uma inspiração bater bem forte. Tinha prazo. Era bom que a inspiração pintasse logo.

Enquanto isso, os jurados, felizes, continuavam circulando pela escola e cercados de alunos que agiam como se fossem amigos de longa data. Era o fim do anonimato.

Comentei com a Salete e ela disse que já esperava por isso e ainda mostrou:

— Veja só quem está falando com a representante da nossa classe, cheio de sorrisos. O próprio Dario. O galã dos galãs!

— Galã... Você não está querendo dizer que ele está tentando...

— Isso mesmo — ela nem me deixou acabar de falar. — Ele está cantando a Filó. E pode apostar que vai ser muito gentil com todos os outros jurados.

Aí, amigo, confesso que achei que a Salete estava sendo ainda mais maldosa do que eu. Mas ela acreditava mesmo que alguns candidatos tentariam se aproximar dos jurados e conquistar seus votos. Disse que era muito comum esse tipo de coisa acontecer e falou com uma certeza tão grande que eu perguntei:

— Mas é isso que significa ser jurado?

— Depende do jurado, ou melhor, do caráter do jurado.

— Explica isso melhor, Salete. Não estou gostando do que estou começando a entender.

— Sabe qual é a profissão do meu pai? Ele é juiz. Tem nas mãos a responsabilidade de julgar casos muito graves... Muitas vezes, ele se vê cercado de tantos amigos, tantos interesses que, se não ficar esperto e de olhos bem abertos, pode se confundir e julgar mal o caso. Entendeu?

— Não — falei. — Julgar mal, como?

— Ora, você tem de escolher entre versões diferentes para um mesmo acontecimento; as pessoas tentam provar que as coisas aconteceram de um jeito e não de outro... Tem casos, bem delicados, em que é preciso ter muito caráter para se manter firme, ser imparcial...

— Você quer dizer, não tomar partido — concluí. Dei um tempo para pensar um pouco, e comentei:

— Mas, Salete, quem julga tem de fazer isso de acordo com as provas e não com as pessoas. Se outros interesses entram em jogo, nós vamos estar falando de suborno, corrupção! E nós, aqui, estamos lidando com um simples concurso. Não tem nada a ver!

— Não? — a Salete me provocou. — Numa escala bem menor, é claro, o que você acha que alguns candidatos vão tentar fazer? Por que ficou todo mundo tão simpático com quem antes não interessava?

— Ai, Salete! Não brinca... — fiquei preocupada. — Isso é coisa que acontece lá fora, é notícia de jornal...

— Sempre tem alguém querendo conquistar as coisas por outros caminhos, mesmo que seja uma simples viagem.

— Mas sempre tem quem resista a isso — falei.

— Claro que tem! Mas que alguém vai tentar, ah isso vai.

Pois é, amigo. E eu invejando os jurados. Já estava começando a me conformar em fazer meu desenho, esperar o resultado e esquecer tudo aquilo. Mas não deu, pois certas coisas se tornaram visíveis demais.

E o dia do concurso chegou. O teatro estava lotado e tudo parecia correr às mil maravilhas. Só parecia.

Os concorrentes se apresentaram na ordem chamada. Canto, dança, um texto dramatizado. O pessoal estava bem preparado. Alguns se apresentavam tão bem que conquistavam todos de uma só vez. Pareciam vencedores certos.

Foi o que aconteceu com a Joana, por exemplo. Ela era uma das candidatas cantoras. Linda ela, a voz, a postura. Perfeita. Era evidente que tinha faturado todas as notas.

O mesmo aconteceu com o Juliano, um garoto baixinho e acanhado que entrou no palco prometendo pouco e saiu depois de dar um banho de interpretação teatral. Foi o maior sucesso. Na dança, o Rodrigo, um rapaz da oitava série, deu um verdadeiro show e foi aplaudido de pé.

Esses eram os meus três favoritos. Claro que tinham outras possibilidades. Outros candidatos tinham se saído bem, mas, pelos aplausos, a gente quase adivinhava os resultados.

Quem não se saiu nada bem foi o Dario. Falou baixo, inseguro, interpretou mal. E uma pena também foi uma dançarina que, nervosa, se atrapalhou e saiu do ritmo. Esses, na opinião da maioria, estavam entre os perdedores.

Os resultados chegaram e, de modo geral, as classificações batiam com os nossos palpites. Só o resultado da categoria de teatro foi uma surpresa. Apesar do Dario ter feito uma apresentação ruim, quatro alunos tinham dado a ele a nota máxima, favorecendo-o muito na contagem final de pontos. A platéia não escondeu sua decepção. Era um resultado injusto.

Olhei para a Salete e ela para mim. As duas com o mesmo pensamento: "Aí tem!!!".

Na minha cabeça, surgiu uma outra dúvida. Se eu estava questionando uma coisa que tinha visto, como saber se os desenhos e as redações tinham sido bem avaliados? Os melhores trabalhos seriam expostos no salão do colégio, mas apenas depois de tudo decidido. Eu me sentia enganada.

Quis deixar claro o meu protesto e, quando vi o diretor passando ao meu lado, não resisti e comentei com ele.

Ele simplesmente me pediu paciência. Disse que nem todos podiam concordar com os resultados de um concurso, pois os examinadores eram pessoas diferentes, com gostos diferentes e que dificilmente agradariam a todos. Insistiu que estava tudo bem.

Claro que eu sabia ser difícil todos concordarem com o julgamento de uma banca, mas o caso do Dario era comentário geral. Sua apresentação tinha sido tão fraca que ninguém poderia esperar ser ele o vencedor. Isso era tão claro para mim que, quando vi, estava insinuando que esse resultado tinha sido combinado. Nessa hora o diretor me olhou muito sério e perguntou se eu podia provar o que estava dizendo. Mas precisava?

Inconformada, ouvi os últimos resultados que estavam sendo anunciados e, depois que quase todos tinham ido embora, eu e alguns colegas ficamos sentados na platéia, olhando o movimento no palco. Todos nós concordamos que algo de muito estranho estava acontecendo por ali. Algumas conversas particulares e tapinhas nas costas pareciam sinais de que tudo tinha saído como combinado...

Provas? Nenhuma. Só aquele mal-estar no ar nos dizendo que o concurso não tinha sido justo.

Passamos um tempo ainda querendo investigar nossas suspeitas, mas tudo se acalmou. Ninguém contesta a decisão de uma banca sem provas, foi o que meu pai me reforçou depois.

Nos dias que se seguiram, pouco falamos sobre isso, entretanto eu ainda tentava entender por que quatro jurados, exatamente quatro dos seis alunos escolhidos, tinham dado notas tão altas para um candidato que se apresentou tão mal. O Dario. Seria um erro de julgamento ou as cantadas do eterno vencedor tinham surtido efeito mesmo?

Tempo. Sempre o tempo esclarecendo tudo. Eu e a Salete fomos as únicas que continuamos pensando nisso. Então, para nos deixar ainda mais intrigadas, assistimos a uma cena curiosa.

No pátio da escola, vimos quando o Dario entregou para os quatro jurados, nossos eternos suspeitos, quatro sacolas de compra exatamente iguais. Sem a menor preocupação em disfarçar, cada um abriu e exibiu o seu presente: um *disk-man* último tipo.

Eu e a Salete não conseguimos esconder o nosso espanto até mesmo pela falta de disfarce. Ou eles estavam se sentindo muito seguros e acima de qualquer suspeita, ou o Dario estava tão feliz que já não se preocupava mais em salvar as aparências. A promessa tinha sido cumprida. E isso encerrava o assunto.

— Lembra o que eu falei sobre alguns interesses envolvidos? - a Salete, então, me perguntou.

— Mas um *disk-man* pode ser um interesse que valha uma nota injusta?

— E você acha que é o tamanho da troca que importa? Onde fica a consciência de quem aceita esse tipo de suborno?

É, amigo. Ela tinha razão. Um *disk-man*, um avião. Não importa o tamanho da troca. Importa é outra coisa muito mais séria. Mas será que com isso não tínhamos já a nossa prova na mão? Com isso conseguiríamos uma revisão do concurso?

Salete olhou para mim, eu para ela e, sem mais comentários, chegamos à mesma conclusão: isso não provava coisa alguma.

Confesso que nesse dia fui para casa bastante triste. Tinha chegado a uma certeza que seria só minha. Nada que me ajudasse a fazer justiça.

Cheguei em casa e me estiquei no sofá pensando se os jurados precisavam tanto de um *disk-man* que valesse fazer o que tinham feito. Não via outra explicação para aquela coincidência. Quatro presentes? E exatamente para os quatro jurados?

Mas, e o Dario? Precisava tanto ganhar aquele concurso? Era alguma coisa tão importante assim?

Precisar, não precisava. Mas e a vontade de ganhar sempre? E o prestígio? O mais bonito, o mais rico, o mais popular e, agora, o melhor ator da escola. Você acha que ele se contentaria com menos?

Então lembrei dos outros dois alunos jurados que também deviam ter recebido a mesma oferta. Se tudo o que eu estava pensando fosse verdade, eu acabava de descobrir que outros vencedores do concurso eram aqueles que tinham dado as suas notas sem fazer acordos.

Como diz meu pai, vivendo e aprendendo. Apesar de nunca ter visto nada parecido de perto, eu tinha aprendido alguma coisa nova. Tanto que quando liguei a televisão e ouvi a notícia: "Mais um acusado de corrupção", pude entender muito bem o que estavam tentando me contar.

Provavelmente, em algum lugar, por qualquer vantagem, mais um *disk-man* tinha sido vendido, quer dizer trocado, quer dizer oferecido... ah, amigo, você me entende!

Beijos,

**Gabi**

**P.S.** Ah! Não ganhei o prêmio de melhor desenhista por que não sou corrupta nem subornei ninguém.... Certo? Mentira, não ganhei porque, apesar de desenhar bem, quando os melhores trabalhos foram expostos na escola, descobri que tem gente que desenha muiiiiiiito melhor. Fazer o quê? É preciso saber perder. Ou não?

## Papo-Cabeça

Vamos tentar compreender melhor o que esta carta nos conta. E, neste caso, algumas expressões devem ser bem definidas:

**Corrupção** — S. f. 1. Ato ou efeito de corromper; decomposição; putrefação. 2. Devassidão, depravação; perversão. 3. Suborno; peita.

**Corrupto** — Adj. 1. Que sofreu corrupção. 2. Devasso; depravado. 3. Corruptível (capaz de se deixar subornar).

**Subornar** — V.t.d. 1. Dar dinheiro ou outros valores para se conseguir coisa oposta à justiça, ao dever ou à moral. 2. Atrair com engano; aliciar para mau fim.

**Suborno** — S. m. 1.Ato ou efeito de subornar. 2. Corrupção. 3. Aliciamento para maus fins.

(In, *Novo dicionário básico da Língua Portuguesa* — Aurélio)

Uma vez visto isso, fica fácil descobrir o motivo da inquietação da Gabi ao suspeitar de corrupção no concurso da escola. Um dos candidatos teria oferecido um valor (o *disk-man*) para alguns dos jurados, em troca de uma nota que o favorecesse na classificação. Ou seja, alguns jurados foram subornados.

O resultado do concurso, assim, não contou com o bom senso, a justiça e a igualdade de direitos para todos.

Vamos examinar o assunto passo a passo e procurar entender porque a corrupção e o suborno prejudicam radicalmente tudo aquilo que pretendemos seja justo:

1. Dario estava acostumado a vencer sempre. Para ele, pareceu natural trocar o prêmio (que ele não se julgava capaz de obter) oferecendo uma recompensa. O que o atraía talvez, nem fosse a viagem em si, mas a sensação de vencer, ainda que usando esse recurso.

2. Para algumas pessoas que assistiram ao concurso ficou evidente que outros candidatos tinham reais condições de vencer, mas foram prejudicados, ou seja, alguns resultados ou notas não correspondiam aos talentos apresentados. Cabe aqui falar em injustiça? Por quê?

3. Ainda que surpreso, o diretor manteve os resultados pois tinha dado total direito de escolha e decisão aos jurados. Preferiu entender que, por ser o critério de avaliação algo pessoal, não podia ser contestado. O que você acha dessa posição?

4. Só mais tarde, alguns alunos viram uma entrega suspeita de presentes entre Dario e os quatro jurados. Esse fato representava uma prova? Qual seria a posição do diretor se os alunos tivessem uma prova concreta sobre suas suspeitas?

5. Tendo as avaliações dos textos e desenhos sido feitas sem um acompanhamento, como acreditar que as notas eram justas? Haveria aí também algum jurado com outros interesses? Haveria outro candidato fazendo propostas? Por que alguns alunos levantaram estas dúvidas?

6. Como você relaciona esses fatos com alguma notícia recente encontrada nos jornais?

7. Dê o seu final para esta carta. Imagine-se entre os alunos que questionaram os resultados e tendo em mãos as provas que o diretor pediu. O que você faria, então, **"se esta história fosse sua?"**

# Se essa história fosse minha

# Carta 5
# Mentira

# Tantas mentiras!

Oi, amigão!

Estou morrendo de saudade. Acho que já está mais do que na hora de você aparecer na minha casa, sabia? Claro que escrever para você é muito bom, adoro as nossas cartas, só que essa distância está me incomodando. Precisamos marcar um encontro. Enquanto isso, conto para você mais uma história que aconteceu na minha escola.

Você sabe que eu me dou bem com a minha classe inteira. Pelas cartas, dá para você perceber quantos amigos eu tenho e com quanta gente eu convivo. De alguns eu gosto mais, de outros menos. Claro, como acontece com todo mundo. Só que tem uma menina que me deixava em dúvida. Alguma coisa nela me incomodava. Você já sentiu isso?

Claro que já deve ter sentido. A gente fica um tempo pensando o que é que tem naquela pessoa que não agrada, até que um dia percebe. Daí, ou você a aceita como ela é, ou acaba se afastando. Mas nesse caso, não precisei fazer nem uma coisa nem outra. Nem aceitei tudo, nem deixei de ser amiga, simplesmente fiquei entendendo melhor o seu jeito de ser.

Mas é preciso contar as coisas direito senão você não vai entender.

O nome dela é Mila. Ela é bonita e simpática. Conversa com todo mundo e adora contar histórias. Quer dizer, adora contar vantagens. Pronto, já disse. Você já vai achar que está evidente o que me incomoda, pois ninguém gosta de quem fica contando vantagens, certo?

Quase. Acho que não faz mal uma pessoa contar as coisas bacanas que tem ou que acontece com ela. Porém com a Mila tinha sempre algum detalhe que não convencia.

Eu não queria comentar nada com ninguém como se fosse uma fofoca, mas senti um alívio danado quando a Glorinha tocou no assunto:

— Você já percebeu uma coisa diferente na Mila? Não acha que acontecem coisas demais com ela?

— É que ela conhece muita gente... — eu comentei, com medo de falar demais.

— É essa a questão! — a Glorinha conseguiu ser bem mais franca do que eu. — Ela conhece todo mundo, visitou todos os lugares, assistiu a todos os espetáculos, tem parentes de todas as nacionalidades e profissões... Acho esquisito.

— Acha que é tudo mentira?

— Pensa bem — ela continuou, sem afirmar ou negar. — Se você comentar com ela que fez uma viagem maravilhosa, ela diz que já fez também. Pior. Não só foi, como curtiu muito mais do que você.

— E se você conhece uma pessoa famosa, ela conhece dez — ajudei, começando a ficar empolgada com o tanto que tinha para comentar.

— Quer fazer um trato comigo? — a Glorinha propôs. — Puxe qualquer assunto com ela que você vai ver como ela já ouviu falar, já leu, já conhece. Vale qualquer assunto.

Topei. Viu só que amiguinha malvada você tem? Lá ia eu me divertir à custa da Mila. Mas tudo o que a gente queria era provar essa nossa tese: ou a Mila mentia, ou tinha alguns poderes secretos para conseguir fazer tanta coisa ao mesmo tempo e conhecer tanta gente interessante.

Maldosa, eu falei? Põe uma pitada a mais de maldade, amigo, porque eu, além de tramar uma coisa bem difícil para provocar a menina, avisei uma porção de gente sobre o que eu ia fazer. E todos adoraram a idéia.

Quando ela chegou no pátio, já éramos uns dez inimigos mortais querendo bater papo com ela. Foi o Pedro que começou, como se estivesse falando com todos nós:

— Puxa! Ainda bem que amanhã é sábado. Vou fazer um programa que é o máximo!

— Qual é? — perguntei, como já tínhamos combinado.

— Vou andar de avião com meu tio. Ele terminou o curso de piloto e prometeu me levar num passeio muito louco — o Pedro contou a grande mentira dele.

— Meu tio também é piloto de avião — a Mila emendou. — E ele sempre me leva para passear. Sabe que ele faz até manobras radicais?

Claro que o tio dela não podia ser um piloto comum! Então, o Pedro não se conformou:

— Seu tio faz aqueles vôos que parecem acrobacias?

— Faz! — a Mila teve o topete de confirmar. — É uma delícia, vocês não podem imaginar que sensação dá na gente!

— Ei, não vai me dizer que o seu tio faz isso com você no avião! Aí já é demais! Não pode ser! — duvidei.

— Claro que faz! — ela disse. — Você duvida?

Ora, todos duvidávamos. Não era coincidência demais? Se ela tinha um tio assim, por que nunca tinha comentado antes? Por que precisou o Pedro inventar um tio que não existia para ela lembrar do dela?

Então, só para continuar testando, o Marquinho inventou outra:

— Isso não é nada. E o meu primo que faz acrobacia com moto! Vocês já viram uma moto girando dentro da esfera? Ou passando por um círculo de fogo?

Claro que a Mila não só tinha visto como também já tinha estado na garupa da moto de um amigo, experimentando as mais incríveis sensações. Era demais para um dia só. Mas não ficou por aí. Virou mania inventar coisas para falar perto dela só esperando que ela dissesse: "eu também", "o meu também"... Não falhava uma.

Quando falei que o meu pai estava comprando um carro importado que custava uma nota, ela logo contou sobre um carro mais possante e mais caro que o pai dela já tinha comprado. O que a gente não entendia era por que ele continuava indo buscá-la na escola com o mesmo carro de sempre.

Quando a Glorinha contou que tinha comprado uma calça de couro estonteante. Lá veio a Mila dizendo que tinha não só uma calça, mas um conjunto de couro de melhor marca, mais na moda, muito mais bonito, mais tudo.

Claro! A coisa chegou num ponto em que duvidávamos de tudo o que ela dizia. Não podia ser verdade! Quantos tios e amigos esta menina tinha? Um piloto, um bombeiro, um político, um motoqueiro...

Era você contar um caso, já aparecia um tio novo, uma casa maior, uma tia mais rica. Sempre, tudo melhor. Dá para entender uma garota assim? Bem, eu não consigo. Ou não conseguia. Então, um dia, desfiei o rosário de mentiras da Mila para a minha mãe e ela me disse que eu não devia me preocupar tanto com isso pois essas mentiras não estavam prejudicando ninguém a não ser a própria Mila.

— Como assim??? — claro que eu estranhei.

— Pessoas que inventam coisas assim, geralmente querem convencer a si mesmas que têm uma vida mais emocionante do que realmente têm. Talvez ela não esteja satisfeita consigo mesma. Só isso — a minha mãe explicou.

— Como só isso, mãe? E que história é essa de alguém mentir para si mesmo? Como é que eu minto para mim se eu sei que estou mentindo?

Claro que eu protestei. Era muito estranha essa explicação da minha mãe. Então ela contou que algumas pessoas fantasiam um pouco a própria vida por estarem insatisfeitas. Às vezes, só colocam mais cor e emoção em coisas que realmente aconteceram. Outras, inventam uma história inteira e agem como se aquilo fosse real.

Eu explico. Por exemplo, vai ver até que o tio da Mila é piloto. Só que ela inventa um show aéreo, onde esteve ao lado dele no céu e foi aplaudida por uma multidão e tal e .... Viajou.

Deu para entender que isso pode ser frustração? Uma mentira sem maldade, amigo? Dá para acreditar? É difícil. Mas a minha mãe continuou falando:

— Mais grave, na minha opinião, é quando uma pessoa mente com a intenção de prejudicar alguém. Pode ser uma coisa simples como mentir a data de uma prova, qual matéria vai cair ou, ainda, uma coisa bem maior. Não é o tamanho que importa e sim o fato de saber que aquela mentira pode ter uma conseqüência negativa para o outro. Certas pessoas mentem ou até mesmo se omitem, negando uma informação, esperando com isso apenas tirar vantagem. Não me parece ser esse o caso da sua amiga.

Depois dessa conversa, entendi que mentir é assunto sério, mesmo que sejam mentiras como as da Mila. Por trás desse hábito costuma ter um problema maior.

Aí eu fiquei pensando, o que é que a gente sabia de verdade da vida da Mila. Alguém já tinha ido na casa dela? Nunca. Ela convidava para ir nadar na piscina e desmarcava. Marcava almoço e a cozinheira faltava. Natural que, depois de algum tempo, ninguém mais acreditasse em coisa alguma. Nem mesmo se dissesse uma verdade.

Aliás, foi isso mesmo o que a Glorinha comentou. Que quando a Mila falasse uma verdade, ninguém mais acreditaria nela. Não dizem que a gente colhe aquilo mesmo que planta? Pois foi só a Glorinha comentar aconteceu.

Um dia, o Pedro estava contando que tinha sido assaltado e a Mila o interrompeu dizendo que tinha visto um homem estranho entrando no colégio.

Todos nós olhamos para ela com aquela cara de quem diz "lá vem outra história". Um ladrão maior, com uma cara mais feia, um assalto pior... e ninguém se mexeu.

— Gente! É sério... — ela insistiu. — Nunca vi este homem por aqui e ele é muito estranho...

E ninguém ligou, amigo. O Pedro continuava tentando contar a sua história emocionante e a Mila interrompia. Então, ele ficou nervoso e gritou:

— Ô, Mila! Até nisso você quer competir? Eu estou contando uma história ruim, não tem motivo para querer levar vantagem! Você quer ser dona até do maior assalto?

Ela olhou para ele como quem não entende o comentário, e o Pedro, nervoso, continuou:

— As suas mentiras de sempre já não chegam? Agora você quer ter conhecido um ladrão mais perigoso também? Vai lá chamar o segurança, vai! Conta para ele que o seu ladrão faz mais meeedooo!

O Pedro falou esse meeedooo tão comprido que nós caímos na risada. Mas a Mila ficou com a boca aberta olhando como se o maluco fosse ele.

Claro que ela não estava entendendo nada pois, desta vez, estava falando a verdade. Havia um homem, sim. Ele estava andando pelo segundo andar do prédio quando uma professora o viu e chamou o segurança. Felizmente, nada de grave aconteceu a não ser o pessoal da escola descobrir que qualquer um podia entrar lá facilmente. E isso era realmente um perigo.

O homem tinha uma aparência estranha mesmo. Não era um assaltante. Era um doente mental que tinha saído de uma das casas vizinhas sem que a família percebesse. Nem ele sabia o que queria ali. Estava perdido. Rapidamente, o assunto foi resolvido.

Quer dizer, foi resolvido o problema do homem, pois o da Mila parecia estar apenas começando. Pela primeira vez ela se deu conta que tinha perdido a credibilidade da turma toda. Precisou falar uma verdade para descobrir isso.

Não foi muito fácil explicar para ela o que vinha acontecendo e, por estranho que pareça, daquela vez ela só nos ouviu sem tentar se defender ou inventar mais nada.

Claro, amigo, o Pedro e, na verdade, todos nós pensamos ser mais uma de suas histórias: "o seu assalto foi ruim, mas o meu... foi bem pior". Não era o que acontecia sempre?

Bom, vá lá que as mentiras da Mila, como diz minha mãe, são mentiras para a cabeça dela. É ela que precisa acreditar que a melhor parte da vida que ela leva é essa sonhada. Mas é só prestar atenção que ela vai ver que a vida dela é boa, de verdade. Sem apelação.

Claro, existem outras mentiras bem maiores. Existem mentiras que não acabam nunca, também porque provocam outras. Existem mentiras curtas, mentiras intermináveis. Mentiras de todos os tipos e tamanhos e cada uma delas tem também um tipo e tamanho de conseqüência.

As mentiras da Mila continuam do mesmo tamanho de sempre. Ou você pensa que ela aprendeu quando percebeu que tinha perdido a nossa confiança? Nada disso. Ainda não foi dessa vez. Acho que ela ainda nem percebeu o quanto mente porque é a única que acredita em tudo o que diz. Tanto que, no dia seguinte, eu e a Glorinha chegamos na escola e ouvimos quando ela contava os fatos da véspera para alguns alunos:

— E o homem era tão alto... devia ter mais de dois metros... Tinha um ar perigoso que só eu percebi. Por baixo da camisa, um volume... Logo pensei: uma arma. Então, mais do que depressa avisei o segurança e...

Blá, blá, blá... Blá, blá, blá... Blá, blá, blá...

E agora, amigo, me escreva dizendo tudo o que pensa a respeito deste assunto. Combinado?

Ah! Mas não vale mentir!

Beijocas

**Gabi**

## Papo-Cabeça

Esta história da garota mentirosa parece uma coisa banal e sem conseqüências, não é mesmo? Todos poderiam dizer: "Ora, se a Mila mente o problema é dela. Ela não está prejudicando ninguém, a não ser ela mesma". Mas será que é isso mesmo?

Vamos pensar juntos:

1. Mentir é faltar com a verdade, mas também significa enganar, iludir. Como podemos conviver abertamente com pessoas que nos faltam com a verdade, nos enganam, nos iludem?

2. Existem casos em que as pessoas mentem sem malícia, por hábito, por insegurança e nesses casos, como o da Mila, a mentira prejudica mais aquele que mente do que aquele que a ouve. O pior que vai acontecer aí, com quem mente, é **perder a credibilidade dos amigos**. E isso é muito negativo para uma boa convivência.

3. Existe também mentiras com segundas intenções, que vão desde informar uma data errada de uma prova para que o colega vá mal, até inventar fatos que preocupem, assustem e atrapalhem a vida do outro. Por exemplo, dizer que alguém está passando mal, quando não é verdade. Certas mentiras nascem, muitas vezes, como brincadeira, mas sempre têm suas conseqüências.

4. Mentir é diferente de omitir. Quando omito, escondo uma coisa que sei. Nem sempre por esquecimento. Aí, às vezes, também por segundas intenções. Por exemplo: não aviso que a professora já marcou a data da prova, ou seja, omito uma coisa que sei e com isso levo vantagem. Em certos casos, quando não por mero esquecimento, omitir

também não é uma atitude saudável para uma boa convivência.

5. Além disso, existem as grandes e graves mentiras que são freqüentemente mostradas em filmes, especialmente naqueles em que para se elucidar um crime, precisamos descobrir quem está falando a verdade, quem não. Claro, que na vida real, essas grandes mentiras retratadas nos filmes também existem e muitas vezes são noticiadas amplamente. As grandes mentiras nascem pelos mais variados motivos. Dificilmente por bons motivos, claro.

6. Tem muita gente que acredita que há um tipo de mentira necessária. Por exemplo, sempre responder afirmativamente se alguém perguntar se está bonito(a) ainda que isso não seja verdade. Isso é o mesmo que dizer que mentir para não magoar é menos grave. O que você pensa a respeito disso? Será que não existe uma outra saída que não a mentira?

E agora que você já refletiu sobre os diferentes tipos de mentira, escolha uma das opções abaixo:

a. conte um caso real ou fictício de uma mentira cujas conseqüências acabaram sendo divertidas;

b. conte um caso real ou fictício de uma mentira cujas conseqüências tenham sido graves;

ou então, responda:

c. Como você agiria com a Mila **"se esta história fosse sua?"**

## Se essa história fosse minha

Composto pela GraphBox•Caran
e impresso pela Palas Athena em off-set para
DeLeitura Editora e Comércio Ltda.
em abril de 2000.
Tiragem da 1ª edição: 1000 exemplares.